Couleurs : Clémence Sapin
Lettrage : François Batet

Maquette : David Alazraki

18 rue Barbès, 92120 Montrouge
ISBN : 979-1-0363-1488-9
Dépôt légal : avril 2020
Loi 49-956 du 16 juillet 1949 sur les publications
destinées à la jeunesse

Imprimé France par Pollina en mai 2021

www.bd-kids.com

ANNE DIDIER & OLIVIER MULLER
OLIVIER DELOYE

Emile et Margot

EXPÉDITION SURPRISE

BD KIDS

EXPÉDITION SURPRISE

Emile et Margot
Mystérieuses disparitions...

Il n'y a presque pas de légumes dans votre potager !
Je ne comprends pas. Ce matin encore, nous avions une rangée de belles carottes...
...Et au moins cinq choux !
Ne me faites pas croire que vos légumes ont disparu depuis ce matin !
Un voleur est sûrement passé par là !
Si c'était le cas, pourquoi ne s'est-il pas servi dans mon potager à moi ?
Vous n'avez pas bien entretenu votre jardin et rien n'a poussé, voilà tout !

Moi, je crois qu'on récolte toujours ce que l'on a semé !
Nous ne sommes pas fous, quand même !
Regarde, il y a des trous à la place des légumes !
ZZZZ
Ça alors, on voit de la lumière, là-dessous !
Notre dernier poireau !
Mais pourquoi ça coince, là-haut ?
?!
Pas possible, c'est la voix de Mimite !

Mimite? Margouille? C'est bien vous?
Tiens, Émile et Margot!
Salut, les monstres du dessous!
Qu'est-ce que vous faites là?
Nous? On est en plein cours de jardinage!
Vous voulez y assister?
Descendez par l'échelle!
Salut, les enfants, moi, c'est le jardinier du dessous!
Bonjour, monsieur!
RACINE DE RADIS
RACINE DE NAVET
RACINE DE SALADE
RACINE DE CHOU-FLEUR

Je montrais à Mimite et Margouille comment on attrape les légumes!
Il suffit de les tirer par la racine...
Regarde, c'est nos carottes et nos choux!
CRRR
CRRR
Qu'est-ce que vous avez là?
Euh... Une laitue?
OUPS!
BAM
Mais non, c'est un navet!
Oh zut!
Le problème, c'est que vous êtes juste en dessous de notre potager à nous...
Et on va se faire gronder si on n'a pas de légumes!

Quoi? Vous voulez dire que c'est vous qui faites pousser les légumes?
En les arrosant et tout et tout?
Euh... Oui...
Nous, on n'aurait jamais la patience...
Si c'est comme ça, je remets votre navet en place!
Et je vais aussi replanter vos choux et vos carottes!
Merci!
Mais dans ce cas, on arrête le cours de jardinage...
Hooo... DOMMAGE!
Attendez, j'ai une idée!

Plus tard.
Bravo, les enfants ! Vous avez de beaux légumes !
EMILE & MARGOT
Par contre, on ne peut pas en dire autant de votre potager...
Hein, quoi ?
Je ne comprends pas, tout à l'heure il y avait encore plein de légumes !
Qu'est-ce que c'est que cette histoire ?
Moi, je crois qu'on récolte toujours ce que l'on a semé !

Emile et Margot

Le Sens-Dessus-Dessous

Ah, vous voilà enfin! Vous allez me bêcher tout ce massif!
Quoi?
Allez-y, je vous surveille!
Pas croyable, papa ronfle comme le jardinier!
RRRR... ZZZ...
Il y a vraiment quelque chose qui cloche, il faut appeler les monstres.
Regarde!
Hé ho! Le Dekoi-j'meumêle!
Snirfl
C'est bizarre, il ne nous répond pas!
Le Dekoi-j'meumêle, on a besoin de toi!
Il se passe de drôles de choses au château!
Quoi?
Snirfl
AA...AAA...
ATCHOUM!

Pas possible, on dirait Carbonara dans le corps du Dekoi-j'meumêle !
Pouiiin !
Tout est bouleversé !
C'est sans doute un monstre qui a fait le coup pendant qu'on était au village !
Et là, on ne peut pas compter sur le vrai Dekoi-j'meumêle pour nous aider...
J'ai une solution. On va aller regarder l'encyclopédie des monstres !
Dans la bibliothèque du château.
Monstres inverseurs.
Ah voilà : le Sens-Dessus-Dessous.
Tu as vu sa tête ?
Sens-Dessus-Desso
Tiens, elle change si on la regarde à l'envers.
Ce monstre intervertit toutes les personnes quand il fait le poirier !
Psst, les enfants !

Carbonara, qu'est-ce que tu fais ici ?
Je ne veux pas me mêler de ce qui ne me regarde pas, mais je sais comment tout remettre dans l'ordre !
C'est le Dekoi-j'meumêle !
Il suffit de retrouver le Sens-Dessus-Dessous… et le forcer à se retourner.
Mais où peut-il bien être ?
?
Regardez, c'est lui dans le parc !
Venez, j'ai un plan !
Salut, le Sens-Dessus-Dessous !
Je parie que tu ne sais pas faire le poirier aussi bien que moi !
?!

Hop!
Oups!
PLAF
Le poirier, c'est ma spécialité!
Et...
...voilà!
POP

POP
Mais qu'est-ce que je fais dans ce transat?
POP
Ça a marché, je suis redevenu moi-même!
Par contre, c'est nous qu'il a inversés!
Vite, rattrapons-le!

Emile et Margot
Au temps qui passe

Émile, Margot, je vous rappelle que vous devez vous coucher dans dix minutes.
Quoi, déjà?
Mais on n'a pas sommeil...
Oui, mais vous avez école demain!
Pfff, la journée est passée trop vite!
Entre l'école, les devoirs et les corvées de mademoiselle Niquelle-Crome, on n'a presque pas le temps de jouer!

Pssst!
Le Dekoi-j'meumêle!
Ça vous dirait d'allonger votre soirée?
Comment ça?
C'est possible?
Il suffit d'aller "Au temps qui passe"!
"Au temps qui passe"?
C'est un magasin où on peut acheter des heures supplémentaires!
On a le temps d'y aller?
C'est juste à côté!

Deux minutes plus tard
Au temps qui passe
Le temps, c'est de l'argent
OUVERT
PRENEZ DU BON TEMPS POUR QUELQUES ÉCUS SEULEMENT
Tiens, à quoi servent ces épuisettes?
À rattraper le temps perdu!
POIGNÉES DE SECONDES
Bonsoir, que désirez-vous?
Les enfants aimeraient rallonger leur soirée.
Très bonne idée! En été, on n'a pas envie de se coucher tout de suite!
Combien d'heures supplémentaires voulez-vous? Deux, trois, quatre?
Euh...
Prenez votre temps pour réfléchir!
On en demande quatre?

Ça tombe bien, si vous en prenez quatre, la cinquième est gratuite !
SPÉCIAL PROMO
Ça va nous faire une belle soirée !
Et vos parents ne s'apercevront de rien. Pour eux, il ne se sera passé que dix minutes !
Allez, c'est moi qui paie !
Merci, le Dekoi-j'meumêle !
Comment on fait pour l'utiliser ?
Il suffit de le retourner !
C'est parti !
Maintenant que vous avez le temps, on va pouvoir bien s'amuser !

Hé, les copains, on fait une soirée jeux !
Super !
Chouette !
Trop cool !
On commence par un cache-cache et c'est moi qui compte !
Cinq heures plus tard.
Eh bien, maintenant, bonne nuit !
Merci, les monstres, c'était chouette de jouer avec vous aussi longtemps...
Quelle soirée !
Je n'en peux plus, j'ai hâte d'aller au lit !
Moi aussi... Et dire que pour les parents, ça fait juste quelques minutes qu'on est partis !

Ah, vous voilà, les enfants...
Vous avez respecté les dix minutes qu'on s'était fixées. Vous méritez une petite récompense...
On a changé d'avis. Ce soir, vous allez pouvoir aller au lit plus tard !
On vous propose une promenade en famille pour voir le soleil se coucher.
Oh non, pas possible...
On est trop fatigués !

Emile et Margot
Le grand départ

Comment trouvez-vous notre carrosse aménagé ?
Il a l'air très confortable !
Il l'est !
Bonjour, cousin Rodrigue.
Vous voulez visiter?
Oh, oui!
Ça, c'est les couchettes...
Ne touchez à rien pour ne pas salir!

Voilà la salle de bains, et il y a même des toilettes !
Là, je peux me servir une limonade pendant qu'on roule !
Vous en bavez d'envie, hein ?
Pas du tout !
La visite est terminée ?
Oui ! Ils en ont eu plein les yeux !
Alors, en route pour la côte sud !
Si on veut être à la mer ce soir, il faut partir maintenant !
Je penserai à vous dans votre château qui sent le renfermé !
Il est vraiment méchant !
Mais il a quand même trop de chance !

Papa, Maman, vous pourriez acheter un carrosse aménagé ?
Nous n'en avons pas besoin...
... et ça coûte très cher !
Vous en faites une tête, les enfants !
Salut, le Dekoi-j'meumêle !
C'est trop injuste, notre cousin Rodrigue va à la mer dans un carrosse aménagé.
Il pourra même boire de la limonade en roulant...
Ou jouer sur son lit !
Vous voulez voyager en vous amusant ? Suivez-moi !
Cinq minutes plus tard.
Les enfants, je vous présente...

Les Escaravanes !
Bonjour, les enfants !
Bonjour !
Vous voulez faire un tour ?
Euh... C'est possible ?
Bien sûr, ils sont là pour cela !
C'est encore mieux qu'un carrosse aménagé !
J'adore la baignoire !
Où est-ce que vous voulez aller ?
À la mer !

Encore plus tard.
Ça va drôlement vite !
Normal, on est sur l'autoroute des monstres !
Tiens, on s'arrête !
Il doit y avoir un encoquillage...
Tu pourrais prendre cette sortie ?
Bonne idée, je ne l'avais pas vue !
chemin de traverse
Regarde, le carrosse de Rodrigue !

Ça m'étonnerait qu'ils soient à la plage ce soir...
Nous, on arrivera dans une demi-heure!

On pensera à toi quand on se baignera, tout à l'heure!
???

Emile et Margot
Les créatures de la mer

Émile et Margot sont partis à la mer. Sur leur route, ils dépassent le carrosse de leur cousin Rodrigue.
Trop drôle, la tête de Rodrigue quand on l'a doublé!

Je viens de voir Émile et Margot dans un escargot géant !
Qu'est-ce que tu racontes ?
On sera à la mer avant eux !
Rodrigue est tellement insupportable, ça lui fait une bonne leçon !
Mais regardez !
Je ne vois rien, Rodrigue !
Je me demande si tu n'as pas attrapé une insolation...
La réparation de notre carrosse va prendre encore une demi-heure. Mets-toi à l'ombre en attendant.
Encore une demi-heure ? C'est nul !
Un peu plus tard.
Ça y est, on est arrivés !
PLAGE RÉSERVÉE AUX MONSTRES

Eh bien, il y a du monde!
Vous avez vu l'Aquamonstre?
On y va!
C'EST L'ÉTÉ PRENEZ 20 KILOS AVANT LA PLAGE
Beauté Mag
AQUAMO
BOB
CALA-MANÈGE
On essaie le toboggan à bosses?
BALEINE À BOSSES
DÉPART
Attention!
Haaa!
C'est partiii!
Youpi!
PSHHH
Ah ah ah!
SPLACH!
PLOUF!

On va faire un tour sur l'eau?
Bonne idée!
CACHALOTS-PÉDALO
ORQUE-BORD
ACCÈS LIBRE
Plus tard.
Ça vous dit de prendre un Orque-bord ?
CACHALOTS-PÉDALO
ORQUE-BORD
Bonjour, les enfants!
Bonjour!
Accrochez-vous, je vais démarrer!
FSSHHHHHHHHHH
Waouuuh!
On va drôlement loin!
FSHHHHHHHH
Oui, on est même en train de sortir de la zone des monstres...

Tiens, le bateau de Rodrigue!
Il a fini par arriver!
C'est d'une lenteur... Vous ne pourriez pas ramer plus vite?
Mais... Mais...
Vous avez vu, Émile et Margot viennent de nous dépasser sur une orque!!!
Qu'est-ce que tu as encore inventé?
Viiiiiii
Préparez-vous, je vais plonger!
Là, ils font demi-tour!

Mais non, Rodrigue, il n'y a rien...

Cette fois, c'est sûr, il a une insolation...
On ferait mieux de rentrer !

Emile et Margot
Le Monstre des souvenirs

Cette année, j'espère que vous allez enfin vous mettre à travailler !
On pourra faire une sortie au lac d'Am-Stram-Gram comme l'année dernière ?
Pour que vous tombiez tout habillés dans l'eau ?
Pas question !
Allez, on commence par les mathématiques !
Pfff !

Après la classe.
J'ai l'impression que votre rentrée s'est mal passée...
Oui, c'est dur de reprendre l'école !
Et en plus, on ne fera pas d'excursion cette année...
Pourquoi ?
Parce qu'on a fait une bêtise l'an dernier et que notre maître s'en souvient.
Il se rappelle toujours ce qui ne va pas...
Il faudrait effacer son souvenir !
Oui, mais ce n'est pas possible...
Si, justement, il suffit de s'adresser au Monstre des souvenirs...
?
Il habite dans le grenier de cette petite tour. Je vous y conduis ?

Dans la tour.
AFFREUX ANNIVERSAIRE
Salut, le Monstre des souvenirs !
Ah, bonjour ! J'étais en train de visionner mon dernier anniversaire !
Là, c'est quand l'Épouvantor est sorti du gâteau... Je ne m'en lasse pas !
Vous voulez dire que vous projetez vos souvenirs ?
Bien sûr !
Il a même la bobine de souvenirs de chacun d'entre nous.
DEKO
ROI
MARGOT
EMILE
PEUMIEUFAIRE
DES OMBRES

Je pourrais voir la mienne?
Avec plaisir, Margot !
MARGO
Tu veux visionner quelques scènes de ton enfance?
Oh oui !
Regarde, c'est nous !
Là, vous avez cinq ans.
Hi hi!
Quand deviendrez-vous raisonnables ?
Mademoiselle Niquelle-Crome disait déjà ça!
Cette année, j'espère que vous allez enfin vous mettre à travailler !
Et là, c'est ce matin!

On est justement venus à propos de monsieur Peumieufaire.
Il ne veut plus aller au lac d'Am-Stram-Gram à cause de l'année dernière...
Je me souviens de votre bêtise. Il avait dû plonger pour vous repêcher !
Voilà la scène du plongeon.
Vous pouvez la supprimer ?
Oui, je la coupe.

Ça y est, elle est effacée de ses souvenirs !
Merci, c'est génial !
Le lendemain.
On pourrait faire une excursion au lac d'Am-Stram-Gram, cette année?
Au lac d'Am-Stram-Gram? Entendu, c'est une bonne idée!

Emile et Margot
Le Monstre des Mille et une nuits

Je veux que tout soit impeccable pour ce soir !
Oui, mademoiselle Niquelle-Crome !
Oups !
Oh non, je vais me faire punir, c'est sûr !
Attends, on va essayer d'effacer la tache avec ça...

Zut, ça ne part pas !
Qu'est-ce que je vais faire ?
Vous n'avez qu'à aller chercher un nouveau tapis chez le Monstre des Mille et une nuits !
Tiens, le Dekoi-j'meumêle !
Des tapis, il en a plein son magasin !
Venez avec moi, je vous y conduis !
Qu'est-ce qu'on ferait sans toi !
EMILE & MARGOT
Plus tard.
C'est ici ?
Oui !
Sésame, ouvre-toi !
BRRRR

Bienvenue dans mon grand bazar !
Ici, on trouve de tout : des lampes, des babouches, des tapis !
Faites des souhaits, mesdames et messieurs, ils sont en promotion !
Aujourd'hui, trois vœux pour le prix d'un ! Et le premier essai est gratuit !
Alors, mademoiselle, que désirez-vous ?
Euh... Une glace à la fraise !
SNAP
POF

Et voilà !
Mais elle est toute fondue !
Et elle n'a aucun goût !
Pas génial, ce génie...
Et vous, que voulez-vous, jeune homme ?
Rien du tout, merci...
Allons plutôt voir les tapis !
Hé !
PAF
Excusez-moi, je suis pressé !
C'était Monstri Baba ! Vite, écartez-vous !
Monstri Baba ?
Oui, il est toujours poursuivi par 40 voleurs !
Ouf, on a eu chaud !

Nous y voilà !
Regarde, il y a un tapis qui ressemble à celui de notre chambre !
Vous voulez le prendre ?
Oui !
Le soir.
Ce tapis est vraiment parfait !
Mademoiselle Niquelle-Crome ne va rien remarquer !
Un dernier petit coup pour que les franges soient bien droites...
toc toc toc
J'espère que tout est impeccable !

Hmm, les vitres paraissent propres.
Voyons s'il n'y a pas de poussière sous la commode...
AAAAAAAAH!
Oups! On a rapporté un tapis volant!

Emile et Margot
Les bonbons

25... 30... J'ai 40 centimes d'écu. Et toi ?
15...
Avec ça, on n'a même pas de quoi s'acheter un paquet de bonbons.
Vos parents ne vous donnent pas beaucoup d'argent de poche !
C'est pour nous apprendre à économiser.

Mais ce serait quand même chouette qu'on puisse s'acheter des bonbons !
Je viens de croiser le Sitodit-Sitofait, je suis sûr qu'il pourrait vous arranger ça !
Plus tard.
Vous voulez beaucoup d'argent de poche ?
Oh oui !
PLOP
OK!
Incroyable!
Il y a de quoi s'acheter un million de paquets de bonbons...
Merci, le Sitodit-Sitofait!

Filez à l'épicerie avant que ça ferme !
Oui, allons-y !
J'adore faire plaisir aux enfants !
De retour du village.
Tu as vu la tête de l'épicière quand on a sorti notre argent ?
On a vidé toute sa réserve !
Mais que se passe-t-il ?
POLICE
POLICE
La salle du trésor a été cambriolée.
Comment ?

Les trois coffres se sont volatilisés !
Les trois coffres ?
Vous avez remarqué quelque chose ?
Euh non, on était au village...
C'est curieux, nous n'avons relevé aucune empreinte...
Il faut absolument qu'on retrouve le Sitodit-Sitofait !
PLOP
Vous m'avez appelé ?
L'argent que tu nous as donné venait de la salle du trésor ?
Pourquoi, ça pose problème ?

Oui, nos parents n'ont plus d'argent, maintenant !
Je comprends, je vais arranger ça...
PLOP
Ça alors, le trésor est revenu !
Mais il est beaucoup plus important qu'avant !
DRIIIING !
Excusez-moi...
Comment ? Le trésor du royaume de la Monstrie-d'à-côté a disparu ?
Aïe, aïe, aïe... C'est encore toi qui as fait ça ?
Euh... Oui...
Mais ça ne va pas du tout, c'est de l'argent volé ! Nos parents vont avoir de gros ennuis...
Qu'est-ce qu'il faut que je fasse, alors ?
Annule tout depuis le début !

PLOP
Entendu!
Incroyable, voilà nos trois coffres!
Ah bon, votre trésor est revenu?
Oh non, nos bonbons ont disparu!
On n'a même pas eu le temps d'en manger un...
Il faut savoir ce que vous voulez, enfin!

Emile et Margot
Drôle de Noël

Vivement qu'on ouvre les cadeaux !
J'ai commandé plein de farces et attrapes au Père Noël.
Je vous promets que vous allez en baver !
Pas de chance d'avoir un cousin pareil !

Mais pourquoi nos parents l'ont invité à Noël?
Mimite et Margouille, qu'est-ce que vous faites ici?
Ne vous inquiétez pas, personne ne nous a vus!
Joyeux Noël, Émile et Margot!
Voici votre cadeau!
...On l'a commandé pour vous au Père Noël des monstres.
Vous allez voir, c'est génial, et ça va bien vous occuper!
Merci, les amis!
TCHRRR
Oh, mais il y a quelqu'un à l'intérieur?
On vous laisse découvrir cela tout seuls, il faut qu'on y aille!

Oh, une boîte "Pires-mobiles : château et chevaliers."
"Ils adorent faire des histoires."
Je me demande ce que ça veut dire...
Pires-mobiles château et chevaliers
La voie est libre, compagnons !
À l'assaut !
Construisons notre château !
Comme ils sont drôles !
Et faisons un feu pour nous réchauffer !
Mais... Elle fait un feu pour de vrai !
Vite, il faut l'éteindre !
SPLACH

Là, des ennemis géants !
Coupons-les en rondelles !
Aïe, mais ils me piquent !
Qu'est-ce que c'est que cette horreur ?
Encerclons-les !
Quel enfer, ces Pires-mobiles !
Ils s'échappent, rattrapons-les !
Qu'est-ce qu'on va faire ?
Je vais attirer leur attention, pendant ce temps, prends la boîte.

Vous n'arriverez pas à me vaincre !
C'est ce qu'on va voir !
Faisons le siège !
...De son siège, ha ha ha !
Bravo, Margot !
Il fait déjà nuit ?
On va emballer cette boîte solidement !
...Et je sais à qui on va l'offrir !
Plus tard.
Toc toc toc !
?
Tiens, un cadeau du Père Noël !
POUR RODRIGUE

Ça alors, il fait déjà jour !
Ouais, un nouvel ennemi !

Aaaah, mais qu'est-ce que…

Emile et Margot
Émile a des ennuis

Mais, Émile, tu es toujours en pyjama!
Ouaf ?
Je ne sais pas ce que j'ai, je... ouaf ouaf!
gratt gratt
Arrête de faire le chien, on n'a plus qu'un quart d'heure avant la classe...
Je vais essayer, ouaf!
Tu es bizarre, Émile!

En classe.
Émile, au tableau !
Rentre ta langue, Émile...
?!
Arrête immédiatement de faire le pitre !
Mais je n'y arrive pas, Monsieur... Ouaf !
gratt gratt
Ça suffit ! Dessine un triangle.
Tu ne veux pas te calmer? Je vais convoquer tes parents pendant la récréation !
Ouaf ouaf !
Je ne comprends pas ce qui m'arrive...
On ira voir les monstres, ils pourront peut-être t'aider !

Pendant la récréation.
Émile se comporte comme un chien?
Oui, et il n'arrête pas de se gratter...
Ouaf!
Intéressant... Et où se gratte-t-il?
Derrière l'oreille!
Hum
Ah, la voilà!
?
Émile a attrapé une puce électronique...
Une puce électronique?
Oui, elle appartient à l'Électronichien.
Ouf, ça va mieux!

Et où se trouve l'Électronichien?
Ici !
Hello !
Hé, ma télécommande !
?
Avec ses puces, l'Électronichien prend le contrôle des gens...
...et il leur fait faire ce qu'il veut avec sa télécommande !
C'est très amusant !
Ça dépend pour qui...
Margot, Émile ?!
Attention, notre maître va nous voir !

Zut !
Nous voilà, monsieur Peumieufaire.
J'ai laissé la puce s'échapper !
La récréation est finie, dépêchez-vous de rentrer !
5 minutes plus tard.
TOC TOC TOC !
Ce doit être vos parents. Je les ai convoqués !
Bonjour, il y a un problème avec Émile ?
Oui, un gros problème !
Il s'est amusé à faire le chien toute la ...
BiP Bii...

Ouaf!

OUAF!
OUAF!
OUAF!
OUAF!
OUAF!
OUAF!
OUAF!
Mais... enfin...

Emile et Margot
Le Demi-Monstre

Émile et Margot, pouvez-vous chercher du petit bois dans le parc ?
D'accord, papa !
Il n'y a pas beaucoup de branches, par ici.
On ferait mieux d'aller dans la forêt des monstres !

Regarde ces drôles de traces ! Ce sont juste des pieds gauches...
Je me demande bien à qui elles appartiennent...
Suivons-les !
Tiens, une maison en construction !
Bonjour les enfants, bienvenue dans ma demi-maison !
Bonjour, qui êtes-vous ?
Un pauvre demi-monstre.
Entrez une demi-heure... Ça me fera du bien de parler à quelqu'un...

Plus tard.
Donc vous cherchez votre seconde moitié...
...Et vous ne la trouvez jamais?
Oui... c'est bizarre. Mais j'ai comme la certitude qu'elle existe quelque part.
Je pars à sa recherche tous les jours...
...Mais comme je saute à cloche-pied, je fatigue et je fais vite demi-tour!
Reprenez donc un verre de lait!
...C'est du demi-écrémé!

Une demi-heure après...
Il était vraiment malheureux, ce demi-monstre...
Oh, regarde! Il y a d'autres traces, ici!
Et cette fois, ce sont des pieds droits!
Bonjour!
?
Vous êtes un demi-monstre?
...Et vous vous sentez incomplet?
Oui.
Nous avons une bonne nouvelle pour vous!
Venez avec nous!

De retour chez le demi-monstre.
Coucou, nous revoici...
...avec une surprise !
Oh?!
Oh ?!
Ma seconde moitié !
On se retrouve enfin !
PLOP
C'est le plus beau jour de notre... euh... de ma vie !
Comment vous remercier, les enfants ?
Eh bien... nous devions chercher du petit bois et...
Je vais vous aider. Je me sens en pleine forme !

De retour au château.
Tout ce bois! Eh bien, vous n'avez pas fait les choses à moitié!

Emile et Margot
Le gâteau d'anniversaire

Pourriez-vous aller acheter un gâteau pour l'anniversaire de Rodrigue?
Pour notre cousin?
Alors qu'il n'arrête pas de nous faire de mauvaises blagues?
Plus tard.
C'est vraiment pas drôle de faire un aller-retour au village pour Rodrigue...
Tiens, le voilà, justement !
SPLACH

Ah ah! Vous êtes tout sales!
Pff! Quel idiot!
Un peu plus loin.
Salut les enfants!
Salut les monstres!
Ça vous dirait de jouer avec nous?
On ne peut pas, on doit acheter un gâteau d'anniversaire au village...
Pourquoi est-ce que vous n'allez pas à la Pâtimonstrie? C'est beaucoup plus près!
Ça vous ferait gagner du temps et on pourrait jouer ensemble!
C'est vrai que c'est tentant...
Au moins, on n'aurait pas l'impression de perdre notre après-midi...

Chez les monstres.
Le facteur n'est pas lavé, il se lavera dans cinq minutes...
Plouf, plouf voilà une douche !
SPLACH
HA HA HA HA HA HA
Ah !
Je ne connaissais pas ce jeu !
Attends, on en a plein d'autres !
Une heure plus tard.
Ouh là là, on doit rentrer pour le goûter d'anniversaire...
Vous nous emmenez à la Pâtimonstrie ?
?
Ah oui, pour acheter votre gâteau...
Suivez-nous, elle n'est pas loin

PÂTIMONS
Je n'ai jamais vu d'aussi grands chaussons aux pommes !
Chaussons aux pommes, taille : 51
On entre ?
À ce moment-là, j'ai eu un éclair de génie...
Ça alors, j'en suis baba !
Eclairs au chocolat
Babas au rhum
Eh bien, c'est animé là-dedans !
Vous connaissez la blague de la crème qui traverse la rue ?
Ah non...
Elle se fait renverser !
Ah ah ah !
Trop drôle !
???
Tarte aux Pommes
Hi hi hi !
Crème renversée, t'as compris ? T'as compris ?
Euh... Oui...
Tartes aux fruits
Ben alors, pourquoi tu ne rigoles pas ?
Ne fais pas attention à elle, elle est vraiment tarte.

Bonjour, qu'est-ce qui vous ferait plaisir ?
Un grand gâteau comme celui-là !
?
Houhouuu !
Houu !
Une forêt-noire ?
Vous en voulez une avec loup, ou sans loup ?
Houu !
Euh... Sans !
Je vous l'offre !
Merci, le Dekoi-j'meumêle !
ATIMONSTRIE
Pas de quoi !

De retour au château.
Voici le gâteau qu'Émile et Margot sont allés chercher pour leur cher cousin.
C'est une forêt-noire !
J'avais remarqué !
Aaaaah !
Il n'y avait pas de loups dans la forêt-noire...
... Mais elle était quand même habitée...

VRRRRRRR